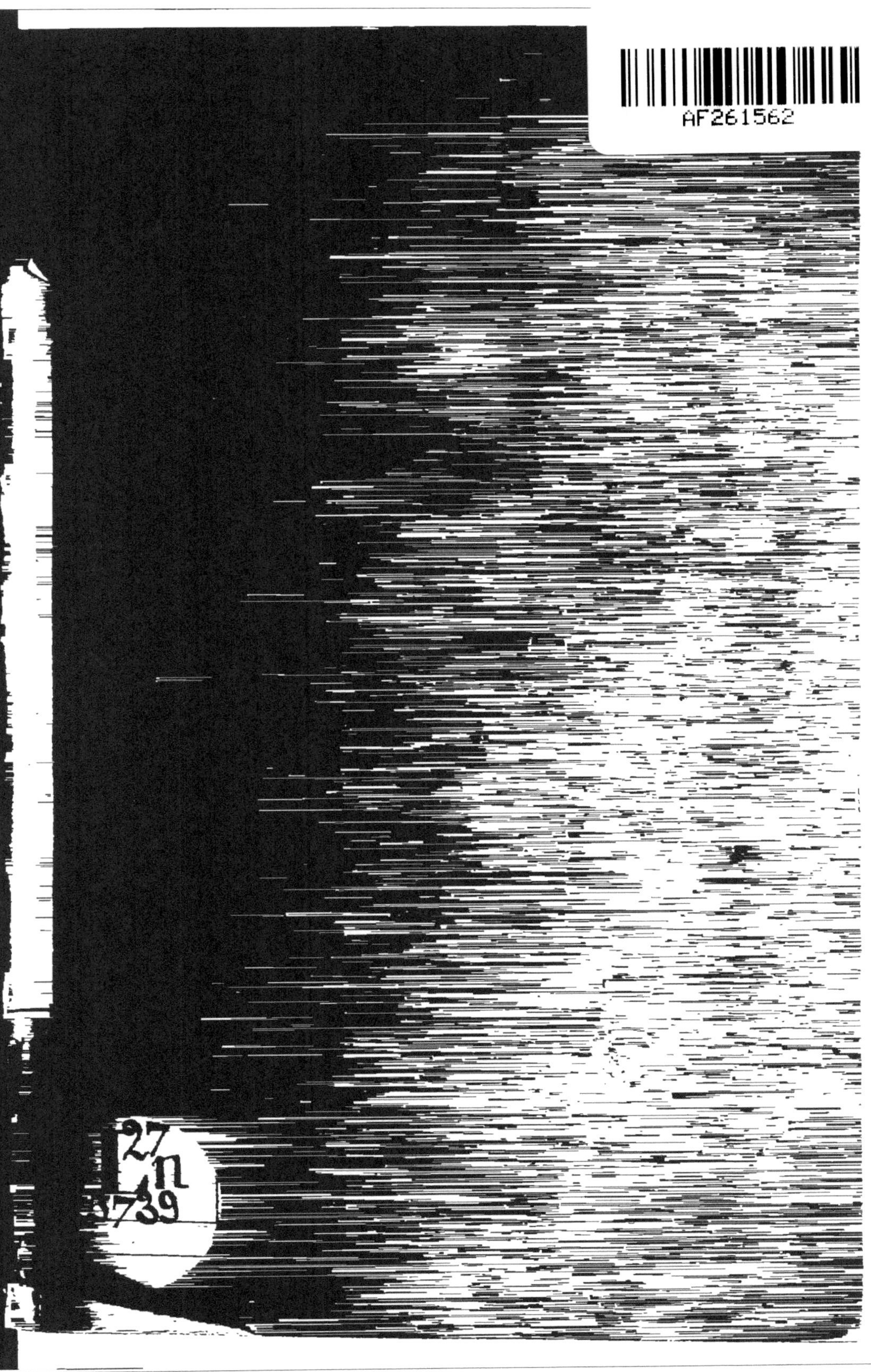

UN HOMMAGE A LA MÉMOIRE

DU

C^{TE} DE MONTALEMBERT

AVEC QUELQUÉS-UNES

DE SES LETTRES INÉDITES

PAR

ROBERT OHEIX.

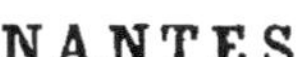

NANTES

IMPRIMERIE VINCENT FOREST ET ÉMILE GRIMAUD

PLACE DU COMMERCE, 4

—

1870

UN HOMMAGE A LA MÉMOIRE

DU

C^{TE} DE MONTALEMBERT

AVEC QUELQUES-UNES

DE SES LETTRES INÉDITES

> ... Je parle du grand orateur
> du grand écrivain, du grand lut-
> teur, du grand chrétien, qui est
> maintenant couché sur ce champ
> de bataille où il a tant combattu...
>
> AD. DESCHAMPS.

Le coup qui nous frappe aujourd'hui est un des plus cruels qui puissent nous atteindre. Le comte de Montalembert tenait en France une place où il n'aura point de successeur ; il était pour les catholiques un chef sans peur et sans reproche, admiré même de ses ennemis, et notre foi n'a point eu dans ce siècle de témoin laïque plus éloquent, plus ferme, plus honnête et plus respecté.

Aussi est-ce de la stupeur que nous éprouvons en face de cette mort que nous croyions pour quelque temps écartée. Peut-il donc se faire que cette voix si fière soit à jamais muette ? Peut-il se faire que cet athlète soit à jamais vaincu ? Au moins a-t-il péri sur la brèche, tenant encore haut et ferme le drapeau qu'il porta si vaillamment toute sa vie. Il nous a quittés au moment où nous espérions le voir rentrer dans l'arène, au moment où la souffrance semblait lui laisser un répit et lui permettre d'apporter toute sa force au secours de ceux qui combattent le bon combat.

Et il est mort ! Presque tous les chrétiens illustres qui, pendant quarante ans, ont été la gloire et l'honneur de la France, ont disparu. Le comte de Montalembert en était l'un des rares survivants ; il est mort à soixante ans, au moment où pouvait commencer pour lui la récolte de tout ce qu'il avait semé.

Charles de Montalembert était né à Londres le 29 mai 1810. Sa famille était de celles qui se sont fait un nom aux Croisades, et il a dit lui-même qu'il était le premier de sa race à n'avoir point porté l'épée. Sa mère était Anglaise, et le mélange en lui des deux nationalités lui avait donné un cachet aristocratique tout particulier, en même temps qu'une admiration enthousiaste pour la terre classique du parlementarisme.

La révolution de 1830 jeta M. de Montalembert
dans le camp de l'abbé de la Mennais. Ce fut à la
rédaction de *l'Avenir* qu'il rencontra Lacordaire et
noua une des amitiés qui ont fait la grandeur de sa
vie. Ce fut lui qui, ayant, en complicité avec MM.
de Coux et Lacordaire, violé la Charte et ouvert
une école libre, entraîna devant la Chambre des
pairs, dont la mort de son père venait de le faire
membre, le procès bruyant qui fut la première victoire remportée par la liberté d'enseignement.

M. de Montalembert accompagna à Rome Lacordaire et La Mennais, lorsque celui-ci voulut forcer
le Saint-Siége à se prononcer sur les doctrines de
l'*Avenir*. La condamnation qui les atteignit jeta,
après quelque temps et beaucoup d'agitations, La
Mennais dans la révolte, Lacordaire dans la chaire
de Notre-Dame et dans le cloître, M. de Montalembert dans la politique et les recherches histori-
ques. Il rapporta d'Allemagne *Sainte Elisabeth de
Hongrie.*

En 1835, son âge lui ouvrit les portes de la
Chambre des pairs. Il s'y fit une place à part. C'est
là qu'il devint le grand champion de l'Eglise catholique, demandant, pour elle comme pour ses ennemis, la liberté entière et complète, s'en rapportant,
pour la victoire, à l'invincible force de la vérité et à
la protection de Dieu. C'est là qu'il se créa son admirable situation de chef du parti catholique ; c'est

là qu'il s'acquit la réputation bien méritée d'avoir été, en ce temps-ci, le laïque le plus dévoué à l'Eglise. Personne n'a oublié ses triomphes oratoires et ses prophéties, notamment cette séance du 14 janvier 1848 où il jeta sur l'abîme où l'on courait de si décourageantes lueurs.

Les événements de 1848 se chargèrent de lui donner raison. Elu à l'Assemblée constituante et à l'Assemblée législative, il y déploya toutes les ressources de son immense talent. Ni la France, ni le monde, ni surtout l'Eglise, n'oublieront cette grande bataille sur l'expédition de Rome, où, malgré les colères de la Montagne, il proclama l'Eglise catholique « une mère » et décida du succès de la journée. Le coup d'Etat put le trouver un instant favorable, mais il revint vite de cette étrange erreur. Seul, il représenta l'opposition dans une Chambre muette, jusqu'au jour où le système des candidatures officielles l'en expulsa. Il encourut les rigueurs du pouvoir et fut condamné à quatre mois de prison qu'il n'a jamais faite.

En 1836 il avait épousé mademoiselle de Mérode, dont il a eu quatre filles. C'est au milieu de cette famille qu'il a commencé et mené presque au terme sa belle *Histoire des Moines d'Occident,* donnant encore des travaux au *Correspondant,* dont il faut regretter qu'il ait été écarté dans ses dernières années. En 1854 l'Académie française lui avait ouvert ses portes, et c'est à cette époque aussi, je crois, que, seul probablement en France, il fut reçu docteur ès-lois à l'Université d'Oxford, dans une cérémonie magnifique où lord Derby, chancelier de l'Université, improvisa un discours latin resté célèbre. Lorsque j'aurai dit que le comte de Montalembert était citoyen romain, j'aurai fini l'énumération de ses titres.

Il y a six ans, la maladie vint, dont d'amères déceptions furent peut-être la cause. L'attitude de certains catholiques devant le pouvoir ulcérèrent une âme qui haïssait la servilité à l'égal de la servitude. Les égarements d'une école agressive et pharisaïque achevèrent de le navrer. Hier encore, il protestait de sa fidélité aux convictions de toute sa vie, et la mort l'a trouvé fidèle jusqu'au bout à ses deux amours : l'Église et la liberté. Témoin indigné de trahisons éhontées et de volte-faces scandaleuses, il continuait à donner à tous de grandes leçons de fermeté et de courage, et ce sera le trait saillant de sa physionomie, d'avoir été, avant tout, un caractère.

Nous le pleurons aujourd'hui, et l'heure n'est pas venue de le juger : bien peu sans doute auront le droit de le faire. Pour moi qui ai eu l'honneur d'être traité par lui en disciple, je dois à sa mémoire un témoignage. Le temps qui me presse, ne me permet pas de le lui rendre aujourd'hui même.

J'ai reçu du comte de Montalembert un certain nombre de lettres, dont deux au moins sont fort belles, tant à cause des sujets qu'elles traitent que du style chaleureux avec lequel elles sont écrites. Je joindrai à ces lettres mes souvenirs personnels et le récit de la visite que j'eus l'honneur de faire au grand champion de la cause de Dieu, il y a trois ans, sur cette terre belge à laquelle il devait son cri de guerre : « La liberté comme en Belgique ! » Je prends l'engagement de rendre, dans quelques jours, cet hommage à la mémoire d'un homme auquel les injures ont moins manqué que tout le reste. Il y était peu sensible et savait qu'elles ne pouvaient l'atteindre. La devise que ses pères lui avaient transmise, résume toute sa vie : *Ne espoir ne peur !* Il n'attendait rien du pouvoir et ne craignait rien des partis ; c'était, par excellence, l'homme honnête et éloquent : *Vir probus dicendi peritus.*

Nous qui l'avons entouré de notre admiration la plus profonde, qui lui avions voué un respectueux et affectueux dévouement ; nous qu'il a reçus avec cette bienveillance particulière aux grandes âmes, nous devons tous la vérité sur ses sentiments et sur sa vie ; nous devons à l'histoire de dire ce que sait chacun de nous sur ce grand et regretté citoyen ; pour ma part, je le ferai.

15 mars 1870.   Gazette de l'Ouest.

La mort du comte de Montalembert a été l'occasion de bien des jugements portés sur son talent, sur sa vie, sur son caractère. Certes, le sentiment général a été celui d'une véritable douleur : tous ceux qui ont encore le sentiment des vraies grandeurs ont su rendre justice à celui qui fut toujours équitable, même envers les ennemis de sa foi. Non qu'il n'y ait eu des notes fausses dans ce concert de regrets : mais il ne faut tenir compte ni des hypocrisies d'un deuil matériel qui dissimulait mal une coupable joie, ni des invectives dont l'honneur n'a jamais manqué à nos plus pures gloires nationales.

Des critiques, comme M. Schérer (« ordinaire-» ment mieux inspiré »), dans le *Temps*, ont exécuté assez lestement le penseur, l'orateur et le catholique ; d'autres, comme Francisque Sarcey, dans le *Gaulois*, lui ont cavalièrement refusé tout talent et tout mérite ; d'autres enfin, comme un journal que je ne veux pas nommer, pour ne pas lui faire une réclame auprès des lecteurs de la *Marseillaise* et de l'*Univers*, ont à peu près dit que la mort de M. de Montalembert était le châtiment de sa dernière lettre, en ajoutant ces paroles qui voudraient être menaçantes : « Plus tard viendra l'heure de » dire, utilement pour les vivants, toute la vérité aux » morts. » C'est très-loyal et surtout très-prudent.

Pour nous, il nous reste un devoir à remplir envers celui qui fut le champion de toutes les grandes causes, et ce devoir sera en même temps notre consolation et notre gloire : c'est d'élever à la mémoire du comte de Montalembert un monument immortel. Pour qu'il soit digne de lui, ce monument ne saurait être que l'histoire de sa vie, c'est-à-dire le récit de ses luttes pour l'Eglise et la liberté. Chacun doit apporter sa pierre à cet édifice, et voici la mienne. J'avais promis de dire ce que je sais de notre illustre mort : après des retards involontaires, je viens tenir ma promesse. Puissé-je joindre l'honneur du succès à l'honneur de l'entreprise.

D'autres diront ce que le comte de Montalembert a fait pour son pays et pour l'Eglise, ce qu'il a été dans la politique et dans la littérature, à l'*Avenir* et à l'Académie, à la Chambre des pairs et aux Assemblées républicaines ou impériales ; je voudrais dire ce qu'il a été pour un jeune homme inconnu, et l'on me pardonnera si, dans ce chapitre, — le plus humble de tous, — de sa noble vie, je suis forcé de parler un peu de moi en parlant beaucoup de lui. C'est une nécessité de la situation, et j'essaierai de me souvenir toujours que, suivant un mot de Pascal, « le *moi* est haïssable. »

I.

C'est au 19 novembre 1865 que remontent mes relations avec le comte de Montalembert. Un passage de la lettre que j'eus l'honneur de lui écrire à

cette date, expliquera les circonstances qui donnè-
rent lieu à ma démarche :

« .... Une discussion semi-politique et
semi-littéraire passionnait hier une petite réunion
d'étudiants de Rennes. L'un d'eux se permet, Monsieur le comte, en son nom particulier et *proprio
motu*, de venir vous demander une solution. Vous
l'excuserez, à cause de son âge et du penchant irré-
sistible qui porte tout homme à vouloir avoir raison,
en faveur aussi du désir que l'on a de s'appuyer sur
d'inattaquables autorités ; vous l'excuserez surtout
parce que vous devez vous attendre à être pour la
jeunesse catholique de France un guide et un
maître.

» Voici la question ; elle est complexe :

» 1° L'Académie française admet-elle maintenant ses membres sans considération de mérite littéraire et uniquement parce qu'ils sont de l'opposition ; en un mot, est-elle devenue une *coterie*? —
Veuillez remarquer, Monsieur, que cette question
est ainsi posée par mes adversaires et non par
moi........

» 2° L'un des statuts constitutifs et les moins
respectés de l'Académie est-il de n'admettre dans
son sein que des *écrivains* ; en d'autres termes, MM.
Berryer et Dufaure ne sont-ils vos collègues que
par une espèce de tolérance qui passe à pieds joints
sur les règles ?.... »

Voilà la partie essentielle de ma lettre. Voici la réponse :

« La Roche-en-Breny (Côte-d'Or),
ce 12 février 1866.

» Monsieur,

» Une indisposition prolongée et les travaux dont je suis surchargé m'ont empêché de répondre aussitôt que je l'eusse voulu à la lettre que vous avez eu la bonté de m'écrire il y a quelques semaines. Je ne l'en ai pas moins appréciée avec une attention sympathique, et je vous remercie cordialement de la confiance que vous m'y témoignez. Rien ne me touche plus que l'épanchement d'un cœur jeune et sincère et rien ne m'intéresse autant que de connaître les dispositions actuelles de la jeunesse, puisque c'est d'elles seules que dépend notre avenir.

» Mais, il faut l'avouer, je n'ai pu me défendre d'une profonde tristesse en voyant, par la nature de vos questions, quelles sont les préoccupations de vos jeunes camarades. Dans quels bas-fonds sommes-nous donc tombés ! et à quel point ne faut-il pas que le triste régime sous lequel nous vivons depuis quinze ans ait déteint sur l'âme de la France et jusque sur la nature humaine, pour que des jeunes gens, et de jeunes Bretons encore (1), soient

____

(1) M. de Montalembert se trompait en supposant que tous mes contradicteurs étaient Bretons. Des deux principaux, l'un était né à Lille et l'autre dans le Cher. Ils font tous deux aujourd'hui l'ornement de la magistrature.

tentés de faire un grief à l'Académie française de son indépendance !

» Quand même, comme le supposent certains d'entre vos camarades, cette Académie serait animée d'une *opposition* systématique, quel grand mal et quel grand danger y aurait-il à ce que, au milieu de la servilité, de l'adulation, de la prostration contemporaine, le premier corps littéraire de l'Europe se tînt à l'abri de la contagion universelle ? *Puisque les évêques ont des cœurs de filles*, disait Jacqueline Pascal, *il est bon que des filles aient des cœurs d'évêques*. Puisque les jeunes gens du second Empire, dirai-je, sont déjà infectés par le césarisme, il serait utile et nécessaire que les barbons sussent se tenir debout et montrer les dents. Mais soyez tranquilles, messieurs, l'opposition que vous redoutez tant est bien loin de dominer à l'Académie française. Les élections de MM. Ponsard, Emile Augier, Octave Feuillet, Camille Doucet et autres commensaux de Compiègne ou des Tuileries, le prouvent assez. Il est vrai que, sous un règne qui n'a encore produit ni un orateur, ni un écrivain, ni une supériorité quelconque, elle a appelé dans son sein les principaux orateurs et les personnages éminents du régime parlementaire, mais, en agissant ainsi, elle n'a fait que rendre hommage à l'éloquence qui a toujours et partout été regardée comme la forme la plus élevée du génie littéraire. Elle n'a fait aussi que se conformer à sa tradition *immémoriale* qui lui a fait une loi d'ouvrir ses portes, non-seulement à

des magistrats et à des avocats célèbres, mais même
à des ducs et pairs ou à des maréchaux de France
qui n'avaient d'autres titres à ses suffrages que leur
grande position sociale et leur sympathie pour les
travaux de l'esprit. L'Académie, croyez-m'en, ne
demanderait pas mieux que de se recruter parmi
les *écrivains*, s'il y en avait. Ce n'est pas sa faute,
si le second Empire, à la différence des deux régi-
mes monarchiques qui l'ont précédé, n'a fait éclore
aucun talent hors ligne, excepté le seul M. Taine.
Celui-là est certainement un écrivain et même un
grand écrivain ; mais je pense que lui-même, dont
le matérialisme pittoresque est si conforme aux
goûts et aux intérêts de l'autocratie impériale, ne
doit guère tenir à faire partie de l'Académie, avant
que les chrétiens et les libéraux qui en constituent la
majorité actuelle, n'aient été rejoindre dans la tombe
leurs ancêtres Royer-Collard et Chateaubriand.

« Adieu, monsieur, ne craignez pas de me consulter de nouveau, quand vous en aurez envie ; et
si ma santé ou mes occupations m'empêchent de
vous répondre, n'en concluez pas que je vous trou-
ve importun. Tâchez d'échapper à l'influence délé-
tère des jeunes gens qui puisent leur esprit dans le
Siècle ou le *Petit Journal* ; et marquez le plus tôt
que vous le pourrez votre place dans le bataillon
des âmes indépendantes et fières qui savent attendre et préparer l'avenir, en protestant contre les
bassesses de la foule. C'est le meilleur vœu que
puisse former pour vous votre tout dévoué servi-
teur

» Le comte DE MONTALEMBERT. »

II

C'est peut-être une erreur à laquelle l'amour-propre n'est point étranger, mais je crois que cette lettre est une des plus belles qui soient sorties de la plume du maître. Si elle me rendit heureux, je ne le dirai pas : cela se devine assez. Aussi, six mois plus tard, c'est l'adresse de M. de Montalembert que j'écrivis sur le premier exemplaire de ma thèse de licence, à laquelle je joignis une lettre. J'essayais d'y exprimer les sentiments de dévouement et d'espérance qui m'animaient, et le désir plus que jamais nourri de vivre et de combattre *pro aris et focis*. Je n'attendis point longtemps la réponse, sur laquelle je comptais bien.

« Paris, le 4 septembre 1866.
40 rue du Bac.

» Monsieur,

» J'ai reçu avec une vive reconnaissance votre lettre du 20 août et la thèse que vous m'avez fait l'honneur d'y joindre.

» Alité depuis près de cinq mois par une grave maladie dont l'issue me paraît bien incertaine, j'ai éprouvé, au milieu de mes souffrances, une vraie consolation à retrouver dans votre lettre un souffle de notre vie d'autrefois. Je vous remercie cordialement du bien que vous m'avez fait et j'espère bien que vous ne négligerez aucune occasion de me procurer la même satisfaction quand il y aura lieu. Si, comme je le suppose, d'après la date de votre lettre, c'est au barreau de Nantes que vous comptez poursuivre votre carrière, je vous engage à y rechercher, outre mon ancien et vaillant collègue, M. Waldeck-Rousseau, un jeune avocat qui s'est marié à Nantes, M. G., ancien secrétaire de M. Dufaure, et l'un de mes bons amis parmi les rares jeunes gens qui croient encore à autre chose qu'à la démocratie matérialiste ou impérialiste.

« Recevez, avec tous mes remerciements, la sincère assurance de ma sympathie et de mes meilleurs vœux pour votre avenir.

» Ch. DE MONTALEMBERT. »

Si les jeunes gens « qui croient à la démocratie » matérialiste ou impérialiste » avaient trouvé sur leur chemin un tel maître et un semblable accueil, nul doute que les disciples de M. de Montalembert eussent été moins « rares. »

J'en étais là avec lui, quand, lui annonçant mon départ pour le congrès de Malines et lui exprimant mon vif espoir de l'y rencontrer, j'en reçus l'invitation suivante, à laquelle j'étais loin d'avoir le droit de m'attendre :

« Rixensart, par Ottignies, Belgique
— ce 17 août 1867.

« Monsieur,

» J'ai reçu, avec un vif intérêt et une sincère reconnaissance, votre lettre du 12. — Je félicite M. X. du succès qu'il vient d'obtenir et qui est d'autant plus remarquable que le *réveil libéral* auquel vous croyez dans le département de la Loire-Inférieure, ne paraît pas s'être étendu au reste de la France, s'il faut en juger par les résultats des récentes élections (1). Puisse ce premier succès être pour M. X. le présage d'une victoire plus importante encore lors du prochain renouvellement de la Chambre élective !

» J'ai lu, avec le plus grand plaisir, sa profession de foi de 1863, et je suis heureux de penser que l'illustre La Moricière ait eu la consolation, avant sa mort, de recueillir ce premier symptôme d'une renaissance politique et religieuse dans son pays natal.

» Je serais charmé de faire votre connaissance personnelle, si vous venez au congrès de Malines. Ce n'est pas que j'aie l'espoir de me rendre moi-même à Malines, car ma santé ne s'est nullement améliorée depuis que l'on m'a transporté en Belgique, et pas plus qu'à Paris, je ne puis quitter mon lit ou mon canapé. — Mais je suis ici dans un endroit appartenant à mon beau-frère l'archevêque, à une demi-heure seulement de Bruxelles par le chemin de fer du Luxembourg. Il y a quatre convois par jour, mais ce n'est guère que dans l'après-midi ou la soirée que je suis à même de recevoir. Je vous demanderai donc de venir dîner le jour que vous voudrez à votre retour de Malines où vous

---

(1) Le tiers des conseils généraux venait d'être renouvelé.

2

trouverez le Père Hyacinthe. Je compte bien qu'il viendra aussi me voir et vous pourriez combiner avec lui ce petit voyage.

» En attendant le plaisir de vous voir, je vous offre la sincère assurance de mes meilleurs sentiments. »

III.

Muni de cette lettre, que je reçus à Paris, je me présentai un matin au Carmel de Passy. Mon émotion n'était pas grande : je n'étais point alors l'admirateur du célèbre orateur que j'avais entendu, un mois plus tôt, faire à Paimbœuf, sur son ancien élève, M. Mabileau, martyrisé en Chine, un étrange discours. Le P. Hyacinthe me reçut avec affabilité, bonté même, mais m'annonça que, loin d'avoir l'intention de venir à Malines, il partait le soir même pour Nantes, où, l'évêque lui offrant l'hospitalité, il allait préparer, dans le silence des bois et le calme de la campagne, l'*Avent* qu'il devait donner à Notre-Dame deux mois plus tard. Je fis part de cette réponse à M. de Montalembert, en lui exprimant mon regret de me présenter seul à Rixensart.

Mon étonnement fut grand, en arrivant à Malines, d'apprendre que, pendant une excursion que j'avais faite à Cologne, le P. Hyacinthe avait cédé à de pressantes sollicitations, et, une fois arrivé à Nantes, était reparti pour la Belgique. On avait su lui prouver, — car on exagérait autant son mérite alors, qu'on grossit ses torts aujourd'hui, on avait su lui prouver que sa présence à Malines était indispensable, et il y arrivait en même temps que moi. Il me fut impossible de combiner avec lui la visite projetée.

Pendant le Congrès, cette visite était une de mes principales préoccupations : à chaque instant, surtout à la séance du 3 septembre, où une si chaleureuse ovation fut décernée à l'évêque d'Orléans, le nom de M. de Montalembert était couvert d'applaudissements, comme celui d'un chef et d'un maître. Et quel enthousiasme, lorsque, dans le but évident d'amener l'assemblée à se prononcer ouvertement sur ses tendances, M. de Montalembert écrivit à M. de Falloux cette magistrale lettre, qui fut lue à la tribune, et où il disait :

« .... Dites donc à nos amis que je suis, comme vous, plein de confiance et de résolution.

» Je me sens confirmé dans cette résolution en voyant que la troisième assemblée du Congrès se montre toujours animée du même esprit ; que l'amour passionné de l'Eglise s'y concilie avec toutes les aspirations généreuses et sensées de la vie publique, qu'elle est toujours décidée à revendiquer, pour défendre nos vieilles croyances, tout ce qu'il y a de si puissant et de si légitime dans les institutions libres, dans les progrès modernes ; qu'elle compte bien, par conséquent, ne pas laisser à nos adversaires le droit de se poser en représentants exclusifs de la civilisation et de la société contemporaine.

» Mais je me sens bien autrement fortifié encore

par la pensée de la convocation de ce Concile général qui nous reporte aux époques les plus agi-
tées, mais aussi les plus fécondes et les plus glo-
rieuses de notre histoire... » (*Acclamations uni-
verselles :* Vive Montalembert !)

Oui, le nom de Montalembert, poussé par les
quatre mille voix de l'assemblée, domina un instant
tout le reste. Il était évident que ces catholiques,
venus là des quatre coins du monde, saluaient
comme le grand champion de leur cause ce malade, étendu à quelques pas d'eux sur un lit qui
était encore pour lui une tribune et un champ de
bataille.

On sentait que celui qui avait prononcé, là
même où nous étions, le discours sur *l'Eglise libre
dans l'Etat libre*, était toujours le général en chef
de l'armée des Croisés modernes, de ceux qui veu-
lent faire reculer toutes les barbaries, qu'elles
rêvent le retour des plus criants abus du passé ou
le renversement de toutes les digues sociales et
religieuses.

C'est sous l'impression de ces applaudissements
que, le 9 septembre, je partis de Bruxelles pour
Rixensart. Je n'ai jamais éprouvé semblable émotion à celle qui m'animait. J'allais voir un grand
homme, et quel homme ! Sa vie est pour nous,
jeunes gens du second empire, mêlée inséparable-
ment au mouvement catholique et libéral de la
première moitié de ce siècle. Il y a là comme une
lumineuse légende où les noms de Châteaubriand,

de La Mennais (hélas !), d'O'Connel, d'Ozanam, de Lacordaire, apparaissent comme ceux des héros des épopées chevaleresques du moyen-âge. Montalembert fut le disciple des uns, l'ami des autres, maître lui-même de soldats plus jeunes et bientôt aussi illustres. Tous les grands esprits et les grands chrétiens de ce siècle ont, un jour ou une heure, mêlé leur vie à la sienne.

Je pensais à tout cela. Je pensais aussi au *Récit d'une sœur*, qui venait de montrer le côté tendre de cette âme virile ; car la poétique épopée des amours, des joies, des douleurs d'Albert de la Ferronnays et d'Alexandrine d'Alopeus, jetaient un rayon de plus sur cette figure déjà si belle. Cet homme enfin, le soldat de tant de batailles, le triomphateur de tant de victoires, c'était celui qui était agenouillé avec le cardinal de Rohan, La Mennais et Lacordaire, aux pieds de Grégoire XVI, le jour où ce pontife avait dit : « Quelle belle chambrée ! » J'allais le voir, lui parler ; j'allais me présenter, — seul et sans aucun titre à sa bienveillance, — à cet homme qui était une de nos gloires et résumait toute l'histoire de l'Eglise en ces derniers temps.

Le château de Rixensart, où l'ombre de Félix de Mérode semble errer encore, est une vaste construction sans grand caractère. Il était, lorsque j'arrivai, silencieux et désert. Dans la salle du rez-de-chaussée où l'on m'introduisit, se trouvait, jeté sur une table, un petit pavillon aux couleurs belges, jouet d'enfant sans doute, laissé là par un des descendants de ce Mérode qui était mort pour l'indépendance de son pays. Ce fut là que Mlle de Montalembert vint m'annoncer que son père m'attendait.

IV.

Sur une terrasse ombreuse et couverte de lierre qui dominait un jardin anglais, le comte de Montalembert était étendu sur une chaise longue, auprès d'une table chargée de livres et de journaux. Quelle grâce et quelle bonté dans son accueil ! On a répété cent fois qu'il n'y avait pas d'homme plus affable que ce grand seigneur ; on entrait là avec tremblement, et l'on s'y trouvait si à l'aise qu'on semblait avoir toujours vécu dans la connaissance de cet homme illustre. La seule chose qui impressionnât singulièrement était ce regard profond et scrutateur, dominateur aussi et pourtant affectueux, qui était resté comme la partie vivante de ce corps épuisé. M. de Montalembert avait alors toute sa barbe, ce qui changeait un peu le caractère si distingué de sa physionomie.

Pendant deux heures, j'écoutai cette voix vibrante parler de toutes les graves et grandes questions du jour, de la religion avant tout, de la politique, du Congrès et des idées qui avaient animé l'Assemblée. Il fut beaucoup question aussi des princes d'Orléans, qui étaient venus, quelques jours auparavant, rendre au malade qui avait si souvent attaqué le gouvernement de Louis-Philippe , une affectueuse visite. M. de Montalembert me dit même que, depuis lors, ses lettres , avant de lui parvenir, passaient par le cabinet noir.

Il m'entretint encore de l'Université de Louvain, qu'il regardait avec raison comme la merveille de la Belgique, — de l'Exposition, qu'il avait profondément admirée et visitée dans un fauteuil roulant. C'est là que, rencontrant un député parvenu depuis aux plus hautes destinées, il lui avait dit : « Prenez » garde, mon cher ami, ne faites pas comme moi, » ne vous tuez pas au travail. »

Le P. Hyacinthe était venu l'avant-veille. M. de Montalembert craignait dès lors pour lui une chute, et l'en avait, me dit-il, franchement averti. Le P. Hyacinthe nous amena à parler de Nantes, — de la question des sels de l'Ouest, que M. de Montalembert possédait à fond, — de la statue qu'on allait élever à Billault, à ce même Billault auquel mon bouillant interlocuteur avait jeté, au Corps législatif, lors de la spoliation des princes d'Orléans, une si sanglante apostrophe qu'il répéta en frémissant.

Je l'avais trouvé lisant le « *Journal de Paris,* » dont il me fit un éloge pompeux et mérité. Le *Soir* a dit qu'au moment où la mort est venue le surprendre, M. de Montalembert songeait à fonder un journal : pour beaucoup de raisons, j'en doute , mais surtout parce que le « *Journal de Paris* » représentait ses idées , sinon théologiquement, au

moins politiquement, aussi parce qu'il était satis-
fait de la situation politique qui, s'il eût été valide,
l'eût certainement conduit au ministère.

M. de Montalembert s'étendit longuement sur
les journalistes, sur M. Prévost-Paradol, pour lequel il professait une grande estime, sur l'*Union*,
mais surtout sur l'*Univers*, et il me félicita chaude-
ment « d'avoir compris que cette feuille est le
» meilleur soutien de l'empire autoritaire et du
» pouvoir personnel. » Il me dit combien il en-
courageait peu les politesses dont M. Veuillot l'ac-
cablait, après l'avoir calomnié et vilipendé dans de
venimeux articles ; l'école de l'*Univers* est le
sujet qui excita longtemps sa verve et ses critiques.
Sur ce point, je dois être réservé. — M. de Montalembert me fit cette réflexion, que j'ai depuis re-
produite ailleurs et qu'on m'a amèrement repro-
chée : « Certain journaliste, — un des plus laids
hommes de France, et je ne le lui reproche pas, car
il en est fort innocent, — s'acharnait, tout le long
d'un article, assez pauvre du reste et fort brutal, à
nommer l'auteur de la *Vie de Jésus* : « *le joli Renan.* » Si la laideur de M. Renan prouvait quelque chose contre son livre, qu'est-ce que la laideur
du critique ne prouve pas contre son article ! »

En entendant M. de Montalembert causer avec
cet abandon et cet entrain, j'admirais sa prodigieuse
mémoire. Il me parla de la Bretagne comme s'il y
était né, de Nantes, comme s'il y avait vécu.
Il me dit, entre autre choses : « Vous avez à Nan-

tes deux journaux ; l'un, rédigé par les frères Mangin, est bien courageux, bien ferme dans ses principes ; sur la plus grande partie des questions, je suis aux antipodes du *Phare de la Loire*, mais il faut estimer les gens dévoués à leurs idées ; quant à l'autre journal, je ne comprends pas que de pareilles feuilles puissent trouver des lecteurs. »

Le temps marchait vite, ce jour-là. Lorsque la chaleur fut tombée, M. de Montalembert demanda sa voiture, et, après une promenade dans les bois de sapins qui avoisinent Rixénsart, il me conduisit à la gare, me parlant jusqu'au moment où, le train arrivé, je montai en wagon. Je n'oublierai jamais la familiarité toute paternelle avec laquelle il me tendit la main à deux ou trois reprises. C'est la première et la dernière fois que je l'aie vu, et c'est une époque dans ma courte vie, que le jour où il me fut donné de recevoir, avec une étreinte de cette vaillante main, des conseils sur lesquels j'espère bien me guider toujours.

V.

En 1868, j'eus à raconter la vie et la mort de l'un des héroïques soldats de Mentana ; ayant besoin d'un conseil, ce fut tout naturellement à M. de Montalembert que je m'adressai. Il me répondit :

« Paris, le 4 janvier 1868.

« Monsieur,

« Peu de jours après avoir reçu votre lettre du 23 décembre, j'ai eu l'occasion de voir monsieur

votre père qui m'a fait l'honneur de me rendre visite. Au sujet du travail nécrologique qui vous oc-
cupe en ce moment, nous sommes tombés d'accord
lui et moi, qu'il valait mieux entremêler la publication des lettres de votre ami, M. Rialan, au récit de
sa courte vie, plutôt que de séparer la biographie de
la correspondance. Tel est le plan qui a été suivi
dans le *Récit d'une sœur* que vous avez sans doute lu
et que l'on peut regarder comme le modèle du
genre. Toutefois, je vous prie de ne pas prendre cette
opinion pour un jugement définitif ou tout à fait
compétent. Il est impossible de se prononcer avec
quelque certitude sur une question comme celle que
vous m'avez posée, sans connaître les pièces dont il
s'agit. Malheureusement l'état de ma santé d'une
part et de l'autre, les travaux arriérés dont je suis
accablé, m'interdisent absolument de vous en demander communication.

» Je conserve un bien bon souvenir de nos cour-
tes relations en Belgique, avec l'espoir de vous revoir bientôt.

» Croyez en attendant à mes meilleurs sentiments... »

Je tins grand compte de ce conseil, et, l'ouvrage
paru, je le fis porter chez M. de Montalembert.
L'ami que j'avais chargé de ce soin, me rendit
ainsi compte de la manière dont il s'était acquitté
de sa commission :

« Paris, le 17 mai 1868.

» .... Et d'abord, parlons de votre livre. —
Je me suis tout particulièrement empressé de le

porter chez M. de Montalembert, et je dois vous dire que j'ai été singulièrement bien reçu........

» Quant à moi, que vous dirai-je ? Je suis entré là avec l'émotion du soldat qui va voir son général, malade, blessé, mais beau dans sa gloire et sous les cicatrices que lui ont valu son dévouement et son héroïsme. Je le trouvai assis sur un large canapé au milieu de sa belle et précieuse bibliothèque. Je ne vous dirai rien de sa bonté, de sa bienveillance, de son affabilité : tout cela vous est connu. Il me parla de Paris, de la jeunesse, de la liberté, de tout ce qui fait le soutien et l'espoir de sa vie. J'écoutais, j'admirais ; — et sous la douce et bienheureuse émotion, je répondais de mon mieux à toutes ses questions. Il paraît que M. de Montalembert n'a pas été mécontent de moi, car, après m'avoir invité à venir le revoir, il m'a fait présent de tous ses discours, avec un hommage sur celui de Malines. Vous comprenez si je suis heureux, à l'heure présente, d'avoir été votre messager et si je vous ai une grande reconnaissance pour le bonheur que vous m'avez procuré.... M. de Montalembert vous écrira directement son impression générale sur votre œuvre. Dès maintenant sachez que votre héros et ses opinions inquisitoriales, que nous avons souvent combattues ensemble, lui déplaisent souverainement.... »

Je reçus en même temps la lettre annoncée de M. de Montalembert :

« Paris, le 17 mai 1869.

« Monsieur,

» Je vous remercie cordialement de m'avoir envoyé votre volume, et surtout de m'avoir procuré à cette occasion la connaissance de votre ami, M. A. F., l'un des jeunes gens les plus animés et les plus sympathiques, que j'aie rencontrés depuis longtemps. J'espère bien que j'aurai l'occasion de le revoir souvent.

» J'ai lu votre volume avec plus de sympathie et d'intérêt pour l'*auteur* que pour le *héros*. Toutefois je reconnais que la mort glorieuse de celui-ci à Mentana lui méritait un hommage. Vous avez bien fait de le lui rendre.

» J'ai déjà recommandé de vive voix et par écrit votre livre au rédacteur de la partie littéraire du *Correspondant*, M. Douhaire. Avez-vous songé à faire envoyer votre livre aux bureaux de ce recueil ? La plupart du temps auteurs et éditeurs oublient ce détail, très-essentiel.

» . . . .

» Je serai toujours charmé de toutes les occasions qui me rapprocheront de vous.

» Croyez à mon affectueux dévouement. »

Je n'aurais pas reproduit ce fragment de lettre s'il n'était caractéristique et ne montrait, en même temps que la bienveillance extrême de son auteur, sa chaleur d'âme qui le rapprochait instinctivement de la jeunesse.

VI.

Au mois d'août 1868, M. de Montalembert était à la Roche-en-Breny, où il éprouva un grave accident : la voiture où il était versa, et ce fut par un bonheur inespéré qu'on retrouva le pauvre malade encore vivant sous le véhicule renversé. Tous ses nombreux amis et admirateurs tremblèrent à cette nouvelle. Sachant M. de Montalembert sensible aux attentions, je lui écrivis pour lui dire la part que j'avais prise aux craintes générales et la satisfaction que j'éprouvais à le voir hors de danger. Par la même occasion, je lui présentai un journal hebdomadaire qui venait de se fonder à Rennes et que l'on m'avait prié de lui recommander. J'en reçus le billet que voici :

> « La Roche-en-Breny (Côte-d'Or),
> ce 3 octobre 1868.

» Cher monsieur,

» Les suites fâcheuses de mon accident et notamment un affaiblissement considérable de la vue m'ayant obligé à faire le voyage de Paris pour consulter un oculiste, ce n'est qu'à mon retour à La Roche que je puis vous remercier de la sollicitude affectueuse que vous voulez bien me témoigner, en même temps que des sentiments si précieux que vous m'exprimez par votre lettre en date du 10 septembre. Je regrette que le triste état de ma santé ne m'ait pas permis de le faire plus tôt, et d'être, de plus, obligé d'avoir recours à une main étrangère pour vous prier d'agréer ma vive et sincère reconnaissance.

» J'ai lu avec un vif intérêt les premiers numéros de l'*Echo de la Semaine* que je dois à votre obligeance. Je n'y ai rien trouvé, jusqu'à présent, qui ne méritât l'approbation du public à qui cette feuille est destinée. Je lui souhaite tout le succès qui lui est dû à si bon droit et je serai heureux d'apprendre bientôt que vous avez aplani les difficultés qui retardent encore l'extension que vous voulez donner à ce journal.

» J'ai été très-touché de votre bon souvenir, ainsi que de l'attention de monsieur votre père. Je vous prie de croire que je garderai précieusement aussi le souvenir des sentiments dont tous les deux vous voulez bien m'honorer.

» Veuillez, cher monsieur, transmettre mes compliments à votre excellent ami Monsieur F., qui a bien voulu m'adresser sa thèse de licence en droit, et dont je crois vous avoir déjà dit que j'avais été charmé de faire la connaissance. Agréez pour lui, comme pour vous-même, la nouvelle assurance de mon affectueuse sympathie. »

Quelques semaines plus tôt, il écrivait à un jeune homme de mes amis :

« La Roche-en-Breny, 2 août 1868.

« Cher monsieur,

» Votre bonne lettre du 26 juillet m'a été au cœur. Je suis bien touché de votre sollicitude pour mon état de santé ; il est toujours bien triste et m'empêche de me livrer avec quelque suite à un travail quelconque. Je n'aurais donc pas pu continuer cette étude sur l'Autriche que vous avez la bonté d'attendre avec tant d'impatience , quand même la regrettable allocution du 22 juin ne m'eût pas empêché de parler comme je l'aurais voulu. Mais dès que j'en trouverai la force et l'occasion, je reprendrai ce sujet; car malheureusement c'est à l'étranger qu'il nous faut chercher maintenant , nous autres Français, des leçons en fait de libéralisme politique et religieux. Après avoir été de 1814 à 1851 le phare de la liberté et de la vie publique , nous sommes tombés dans l'abaissement que M. Prévost-Paradol a si bien décrit dans son récent volume , trop heureux si, en nous traînant à la remorque de l'Angleterre, de la Belgique et de l'Autriche , nous parvenons à reconquérir quelque chose de ce que nous avons perdu. La presse soi-disant religieuse est le principal coupable de cette affreuse chute ; mais la presse démocratique l'est presque autant que l'autre. Aussi j'espère bien que le nouveau journal le *Français*, tout en reniant les théories révoltantes et les utopies de l'*Univers*, ne manquera aucune occasion de démasquer et de flétrir l'hypocrisie de la plupart des journaux qui osent se qualifier de libéraux. Le succès prodigieux de la *Lanterne* prouve beaucoup contre le second Empire, mais ne prouve pas grand'chose en faveur de l'esprit public, puisque cet homme ne croit pas pouvoir populariser son œuvre sans l'assaisonner d'impiétés grossières.

» Je n'ai plus l'espoir de remplir le rôle dont vous me supposez capable et qui aurait pu être le mien, si le suffrage universel ne m'avait par deux fois préféré un chambellan et si des infirmités prématurées n'étaient pas venues me réduire à l'impuissance; mais je conserverai toujours la plus vive et la plus active sympathie pour ceux qui voudront, comme vous, suivre la bonne voie avec énergie et dévouement. Conservez-moi donc votre confiance et communiquez-moi le plus souvent que vous pourrez vos émotions et vos espérances. Je ne sais où vous allez passer vos vacances, mais si vos projets vous dirigeaient de nos côtés, je serais charmé de vous recevoir ici à la fin de l'excursion que j'espère pouvoir faire en Franche-Comté, d'où je compte revenir dans un mois environ. On arrive ici par le chemin de fer de Lyon et la gare de Montbard.

» Croyez, en attendant, à mon affectueux dévouement. »

Le sentiment de tristesse et presque de découragement que respire cette lettre, venait en grande partie de l'espèce d'isolement où M. de Montalembert se trouvait. Les amis les plus résolus de sa pensée, ceux qui partageaient le plus fermement ses convictions, désapprouvaient et redoutaient l'impétueuse franchise de sa parole.

A propos de l'un des incidents où ces dissentiments s'étaient le plus fortement accusés, l'ami qui a bien voulu me communiquer la lettre qu'on vient de lire, m'écrivait le 21 février 1869 :

« .... L'illustre maître m'a paru l'autre jour quelque peu affecté de ces faits, et rapprochant tout cela de sa maladie, il semblait croire que la mort était déjà venue pour lui. Pour moi, je n'en crois rien, et d'après ce que Madame de Montalembert a bien voulu me dire l'autre jour de sa maladie, il ne paraît pas du tout impossible qu'il ne soit rétabli avant quelque temps. Lui, il voudrait qu'on multipliât les opérations ; M. Nélaton et les siens s'y refusent, disant que le temps suffira avec de la patience ... »

Ces espérances malheureusement ne se sont jamais réalisées, et les moments de mieux n'ont été que des calmes trompeurs.

VII.

Durant l'été dernier, au moment où le Concile inspirait d'unanimes espérances, j'avais pensé qu'il serait très-beau et très-digne des Bretons d'envoyer à l'assemblée des évêques une ambassade qui portât à l'Église assemblée l'hommage des fidèles armoricains. J'exprimai cette idée dans une très-courte brochure que je remis à un libraire. Celui-ci, en lisant quelques passages où, sans les nommer, certaines assertions de *l'Univers* et de la *Civiltà* sur les devoirs et le rôle du Concile, étaient vigoureusement relevées, trembla très-fort et voulut avoir le conseil d'un homme éminent. Je proposai M. de Montalembert auquel j'eus l'indiscrétion d'envoyer mon manuscrit. Il me le retourna quelques jours plus tard, avec quelques notes très-bienveillantes, et la lettre qu'on va lire. Je devais, pour l'expliquer, mettre tout amour-propre de côté, et faire cette petite confession de mes erreurs et de mon indiscrète demande.

« La Roche-en-Breny, le 16 septembre 1869.

» Monsieur,

» L'état où vous m'avez vu à Rixensart il y a deux ans s'étant considérablement aggravé depuis lors, je ne suis nullement capable de composer des manuscrits personnels et bien moins encore de corriger des manuscrits d'autrui. Je n'ai donc pu que jeter un regard très-superficiel sur celui que vous m'avez fait l'honneur de m'adresser, avec votre lettre du 11 de ce mois. Je n'ai ni la force, ni le loisir d'entrer avec vous dans la discussion des motifs qui me portent à ne pas reconnaître l'opportunité de la publication projetée par vous. J'ai dû me borner à quelques coups de crayon, dont vous voudrez bien pardonner la sincérité laconique. Je dois ajouter ici que je n'ai trouvé dans votre manuscrit aucune trace des protestations énergiques contre les extravagances de la *Civiltà* et de *l'Univers*, dont vous me parlez dans votre lettre. Ces protestations-là seraient, à mon sens, extrêmement opportunes, et je ne me consolerai jamais, je l'ai dit dans la

lettre aux catholiques de Coblentz, de ce que la
France catholique ait laissé à l'Allemagne l'honneur de cette initiative.... »

M. de Montalembert me parlait ensuite de cette
inquiétude qu'il semblait inspirer et dont j'ai parlé
plus haut, de la suspicion où quelques âmes timi-
des et timorées semblaient le tenir; il ajoutait :

« On m'a trouvé trop libéral et trop compro-
mettant, à la veille du futur Concile. Il paraît que
le catholicisme libéral de nos jours ne doit pas dé-
passer la hauteur du courage que déploient « certains journaux religieux. » Pour ma part, je ne suis
plus à la hauteur de la politique qui inspire un si
héroïque silence. Cela tient sans doute à la maladie
qui, depuis près de quatre ans, me condamne à un
isolement plus ou moins complet. Combien j'aime-
rais à me consoler de cet isolement en causant
avec vous, à cœur ouvert, de tout ce qui nous unit
malgré la différence de nos âges. Si je retourne à
Paris cet hiver, et si vous y venez, j'espère que vous
ne m'oublierez pas. Rien ne me soulage, au milieu
de mes misères diverses, comme de retrouver dans
une âme telle que la vôtre les ardentes et généreuses convictions qui ont animé ma propre jeunesse. Croyez au prix que j'attacherai toujours à
tout ce qui me rapprochera de vous.

» Ch. de Montalembert. »

C'est la dernière lettre que j'aie reçue de lui.

VIII.

Souvent je faisais transmettre à M. de Montalembert mon respectueux souvenir, et lui-même voulait bien se rappeler quelquefois celui qu'il savait bien n'être étranger à aucune de ses « misères diverses. » Le 11 février dernier, on me disait encore : « M. de Montalembert, que j'ai vu avant-hier, et qui reprend espérance à la vue des événements politiques, demande si vous l'oubliez ? »

Hélas ! je ne devais plus avoir avec lui vivant aucun rapport. Les journaux de la fin de février m'apportèrent la lettre qui fut comme son testament religieux. Rien ne pèse plus que les services aux individus comme aux partis qui les ont reçus : l'illustre chrétien se trompait donc, quand il pensait que ceux, si éminents, si indéniables, qu'il avait rendus à l'Eglise, lui avaient acquis le droit de donner des conseils à « ce pauvre clergé qui se prépare, disait-il, de si tristes destinées, et que j'ai autrefois aimé, défendu et honoré comme il ne l'avait encore été par personne dans la France moderne. » Aucun outrage n'a manqué à ses derniers jours, et les plus dures invectives sont parties de ceux qu'il avait personnellement couverts de l'appui de sa toute-puissante parole. Aussi, un homme qui prétend connaître le monde, disait-il : « Si M. de Montalembert eût servi un parti, aucune louange ne lui eût manqué, on eût su lui rendre universellement justice ; il a aimé passionnément l'Eglise ; il a vécu et s'est usé pour elle ; il n'aura pas même à Rome un service solennel et public. »

C'est au milieu du bruit causé par sa lettre du 28 février que sa mort est venue nous frapper comme un coup de foudre. Le 15 mars, j'avais l'honneur d'écrire dans la *Gazette de l'Ouest* quelques lignes qui ont touché la famille de notre cher et vénéré maître. Le sentiment que j'éprouvai, d'autres l'ont ressenti et mieux exprimé. Un des jeunes hommes qu'il a le plus aimés adressait, le 16 mars, à l'un de ses amis, ces lignes émues :

« Vous savez l'immense malheur qui vient de nous frapper. Dimanche dernier, nous avons perdu notre chef et notre héros ! Aujourd'hui, je viens de le conduire à sa dernière demeure. Ah ! mon cher ami, vous dire la douleur que je ressens de ce malheur irréparable est impossible. Je n'ai fait que pleurer toute la matinée, et à vrai dire, je suis encore plus près de pleurer que d'autre chose. Oui, qu'allons-nous devenir, livrés ainsi pieds et poings liés à ce parti farouche, féroce et barbare à l'excès? Quand je pense aux tristesses qui nous attendent et aux nombreuses angoisses qui nous sont réservées, je ne saurais trop déplorer la perte de cet athlète valeureux et puissant.

» Dans les circonstances présentes, c'est surtout une perte irréparable pour l'évêque d'Orléans et le P. Gratry. Il les soutenait entièrement de son cœur et de sa volonté. C'était le seul qui fût capable de tout oser et de tout dire pour les défendre et les seconder, témoin sa dernière lettre...

» Je le voyais encore, il y a huit jours, me parler de ces grandes espérances de foi et de liberté qui faisaient le fond indivisible de sa nature ; aujourd'hui, il est dans son éternité, en compagnie de tous ceux qu'il a aimés et qui l'ont aimé sur la terre, de cette glorieuse génération de grands chrétiens qui nous a été enlevée au moment où elle allait rendre de si grands services. Ah ! mon Dieu ! que vos décrets sont rigoureux et terribles ! »

IX

Les appréciations n'ont point manqué sur le vide que fait la mort du comte de Montalembert.

Comme on le disait tout à l'heure, sa perte est réellement irréparable. Nul n'avait plus que lui l'amour de son drapeau ; nul n'avait comme lui le courage et la passion de ses idées ; nul n'avait à un degré aussi éminent le talent, le savoir, l'éloquence nécessaires pour défendre et faire triompher la vérité. Un mot de sa bouche faisait plus qu'un discours d'un autre ; une lettre signée de sa main faisait plus d'effet qu'une brochure de ceux qui ont osé se dire « ses adversaires, » et qui, après avoir écrit il y a un an : « Depuis longtemps M. de Montalembert n'est plus notre chef, » avaient eu le honteux courage de dire, trois jours avant sa mort, que sa longue maladie était « *une bénédiction.* » On peut prendre le deuil, après cela, le deuil de son propre cœur, car on n'est plus ni chrétien, ni homme. Malgré cette maladie, telle était l'autorité de cet impotent que, « de son coin, » comme il disait, il était encore assez redouté pour tenir en respect tous ces insolents valets qui voudraient désormais gouverner le monde et imposer à tous les esprits leurs pensées, après en avoir changé tant de fois, et n'avoir conservé, de tous leurs amours successifs, que celui du despotisme.

Terrible pour ses adversaires, le comte de Montalembert était mieux que cela encore : il était assez influent pour contraindre des amis craintifs à accomplir des actes qu'ils redoutaient de faire et dont le succès était indispensable à l'avenir de la cause.

Je ne voudrais pas amoindrir l'autorité de ceux qui nous restent, mais je dois avouer pourtant qu'aucun, après M. de Montalembert, ne me paraît réunir l'ensemble de qualités nécessaires pour remplir le grand rôle que la Providence lui avait confié. Lui disparu, nous n'avons plus de chef, plus de héros, plus de gloires, plus de souvenirs, plus de liens qui nous rattachent à cet admirable mouvement catholique auquel nous succédons, mais que nous n'égalerons jamais. Ah ! oui, où trouvons-nous maintenant cette ardeur, ce courage, ce besoin de réformes et de progrès, cette soif inextinguible de

qonnes œuvres et de généreuses entreprises qui
marquèrent chaque pas de nos devanciers dans la
carrière que nous nous efforçons de suivre? Où
trouvons-nous ces soldats toujours vaillants et toujours aimables qui s'appelèrent Ozanam, Montalembert, Lacordaire, Gerbet, Perreyve et tous les
autres, et qui ouvrirent au catholicisme libéral ce
magnifique horizon de l'avenir que, grâce à eux,
nous devions un jour si bien connaître et si bien
admirer? Ils ne sont plus, et nous restons entre
une jeunesse à moitié indifférente et une maturité
impuissante, exposés à être broyés par cette secte
théocratique et rapace qui voudrait conquérir le
monde et l'écraser sous son pied insolent.

Voilà la situation où nous met la mort de M. de
Montalembert. Que quelques autres soient appelés
à comparaitre demain, comme lui, devant le sou-
verain Juge, et c'en est fait de nous jusqu'à une
nouvelle et sans doute lointaine renaissance de l'esprit catholique.

Maintenant, si nous demandons où le comte de
Montalembert puisait ce courage, cette confiance,
cette puissance intellectuelle et morale qui étaient
les traits principaux de son caractère, il faut répondre que c'était dans une foi invincible et vrai-
ment digne d'envie. Il était admirable à ce point de
vue. La grave maladie qui l'avait atteint dans ses
dernières années semblait avoir donné aux convictions de toute sa vie une sérénité, une élévation, un
charme ineffaçables. Il leur était aussi attaché

qu'aux grands jours de la lutte publique et au lendemain de leurs premiers triomphes, mais de plus il les défendait avec un calme, une dignité, une netteté de langage qui faisait la plus vive impression sur ceux qui l'entendaient. Lorsqu'on allait le voir, le soir, dans le coin de sa bibliothèque, là où il recevait les nombreux amis qui se pressaient, tous les jours, à ses heures de réception, il ne manquait jamais de vous parler de ces deux grandes causes qui remplissaient toute son âme, celle de la religion et celle de la liberté ; mais toujours avec une grandeur de vues, une indépendance des circonstances, une espérance inébranlable dans l'avenir, qui frappaient d'admiration ceux mêmes qui ne partageaient pas ses idées. Le temps semblait avoir complétement disparu à ses yeux. Ce n'étaient plus les ardeurs de l'athlète et les emportements magnifiques du soldat attaqué ; c'était la majesté, la simplicité, la confiance en sa foi et en ses principes de chrétien, de l'esprit vainqueur des maux physiques, n'attendant plus que l'instant désiré de paraître devant son juge et de jouir du repos qui lui était destiné.

X.

On a reproché au comte de Montalembert d'être entier et absolu dans ses convictions, de n'aimer et de ne haïr jamais à demi. Quel reproche, et comme il peint bien l'abaissement actuel des caractères ! Ah ! ce n'est pas lui qui eût eu des ménagements

pour l'erreur et n'eût dit que la moitié de la vérité !
Ce qu'il pensait, il le disait, et c'est là sa gloire.
Certes, il a éprouvé bien des amertumes et il les a
vigoureusement exprimées; il a cruellement stigmatisé les hypocrisies, les servilités, les défections
de ceux qui combattaient pour ou contre lui; il a
mieux aimé défendre et servir le prêtre, en lui disant la vérité, que de l'entourer d'une coupable
flatterie poussée jusqu'à l'adoration : c'est là son
crime ; ce n'est point à ceux-là de le lui reprocher
qui n'aiment rien passionément et auxquels leurs
intérêts ont toujours servi de principes. M. de Montalembert a été un *homme* dans le sens de l'*Esto vir*
de Salomon, et c'est là ce qui l'honore le plus.

Un critique a dit assez niaisement : « Il avait
toujours le cœur du bon côté ; » disons : il a toujours combattu pour la bonne cause, qu'elle fût
triomphante ou vaincue, pour la vérité, pour la liberté, pour la justice. Il pouvait, dans ces derniers
temps, alors qu'on l'avait un peu mis en quarantaine,
répéter ce que le pape saint Grégoire VII, — avec
lequel son âme fière et invincible, son amour effréné
de l'indépendance de l'Eglise lui donnaient une cer-
taine ressemblance, — il pouvait répéter ce que le
pape saint Grégoire VII, mourant à Salerne, disait
à ses amis : « *Dilexi justitiam et odivi iniquitatem,*
» *propterea morior in exsilio :* j'ai aimé la justice et
» j'ai haï l'iniquité, c'est pour cela que je meurs en
» exil. » Je suis convaincu que c'est précisément
à cause de cette appréciation clairvoyante qu'il avait

des nécessités sociales, des progrès à faire et des abus à guérir, que sa mémoire ira très-loin dans la postérité. Quand les animosités personnelles n'aveugleront plus personne, on comprendra que le comte de Montalembert avait mieux que tout autre compris les grandeurs de son époque et les devoirs des catholiques. Aujourd'hui les vérités qu'il a eu le courage de dire ferment, sur ses mérites, les yeux de ceux dont il a signalé les fautes.

Sa suprême gloire, après celle d'avoir combattu pour Dieu, sera d'avoir créé, dans le désarroi de la situation politique à laquelle 1830 donna naissance, un parti catholique. On oubliera peut-être en France qu'il a stigmatisé la politique qui laissait l'ordre régner à Varsovie et qu'il a écrit un jour : « Si l'étranger ou la postérité pouvait soupçonner la France de complicité avec les hommes qui prostituent son nom aux exigences du czar, elle serait tombée au dernier degré de la honte. Oui, au dernier, — car il y a toujours eu, dans l'estime des peuples, quelqu'un au-dessous même du bourreau : c'est son valet ! » — Ce qu'on n'oubliera pas, c'est qu'il a créé une bannière, réuni en faisceau et coalisé les hommes qui, dans les ruines d'un trône et les étonnements des premiers jours, soucieux avant tout des intérêts et de la liberté de l'Eglise, subordonnaient tout, même la question de dynastie, au bonheur de la France. C'est grâce à lui que les catholiques ont été une puissance avant de devenir les *cléricaux*.

Et puis, il a été le défenseur des faibles et des

vaincus. On dit que, jetant de l'eau bénite sur son cercueil, un illustre Polonais a dit, les yeux pleins de larmes : « *Finis Poloniæ* ! » — Non, la Pologne n'est pas morte, prince, et le jour où elle ressuscitera, le nom de Montalembert triomphera encore, car il a été un de ses vengeurs !

XI.

Il faut terminer ces réflexions, et les résumer.

Par la parole, par la plume , par sa vie tout entière, le comte de Montalembert a servi tout ce qu'il y a de grand en ce monde , l'Eglise de Dieu, la liberté des peuples, les opprimés et son pays. Il a été un grand orateur et un grand écrivain , un grand chrétien aussi. La veille de sa mort, préoccupé encore et avant tout des besoins de la cause à laquelle il avait donné toute son âme, il désignait au choix du ministre, pour le siége épiscopal de Nantes, un saint et éloquent religieux. Nous espérons que ce vœu sera exaucé, et ce serait un dernier honneur pour le champion de nos luttes religieuses, d'avoir doté un vaste diocèse d'un illustre pasteur.

Il lui a été donné un autre honneur, c'est d'avoir eu des funérailles comme Paris n'en a peut-être jamais vu. Le cortége , composé de l'élite intellectuelle, politique et religieuse de la France , a traversé l'immense cité , les élèves du collége polonais faisant la haie, pour porter à Picpus , auprès des victimes de la Révolution, la dépouille de celui qui fut le comte de Montalembert. Pour un chrétien, tout ne finit pas à la tombe ; pour un homme comme celui que nous pleurons, c'est une nouvelle et glorieuse vie qui commence, dans le cœur et la mémoire de tous. Il laisse une histoire, des doctrines et des disciples ; il est mort plein d'œuvres, et Dieu lui a épargné de grandes tristesses : ne le plaignons pas.

C'est une pieuse croyance parmi nous, que les habitants de l'autre monde savent ce que font sur la terre ceux qu'ils ont connus : puisse cet hommage que je lui rends, parvenir jusqu'au Maître, et lui inspirer cette parole qu'il adressait naguère à l'un de ses plus fermes amis : Je suis touché jusqu'au fond du cœur de ce souvenir si affectueux et si fidèle. »

9 avril 1870.

Nantes, imp. Vincent Forest et Émile Grimaud.

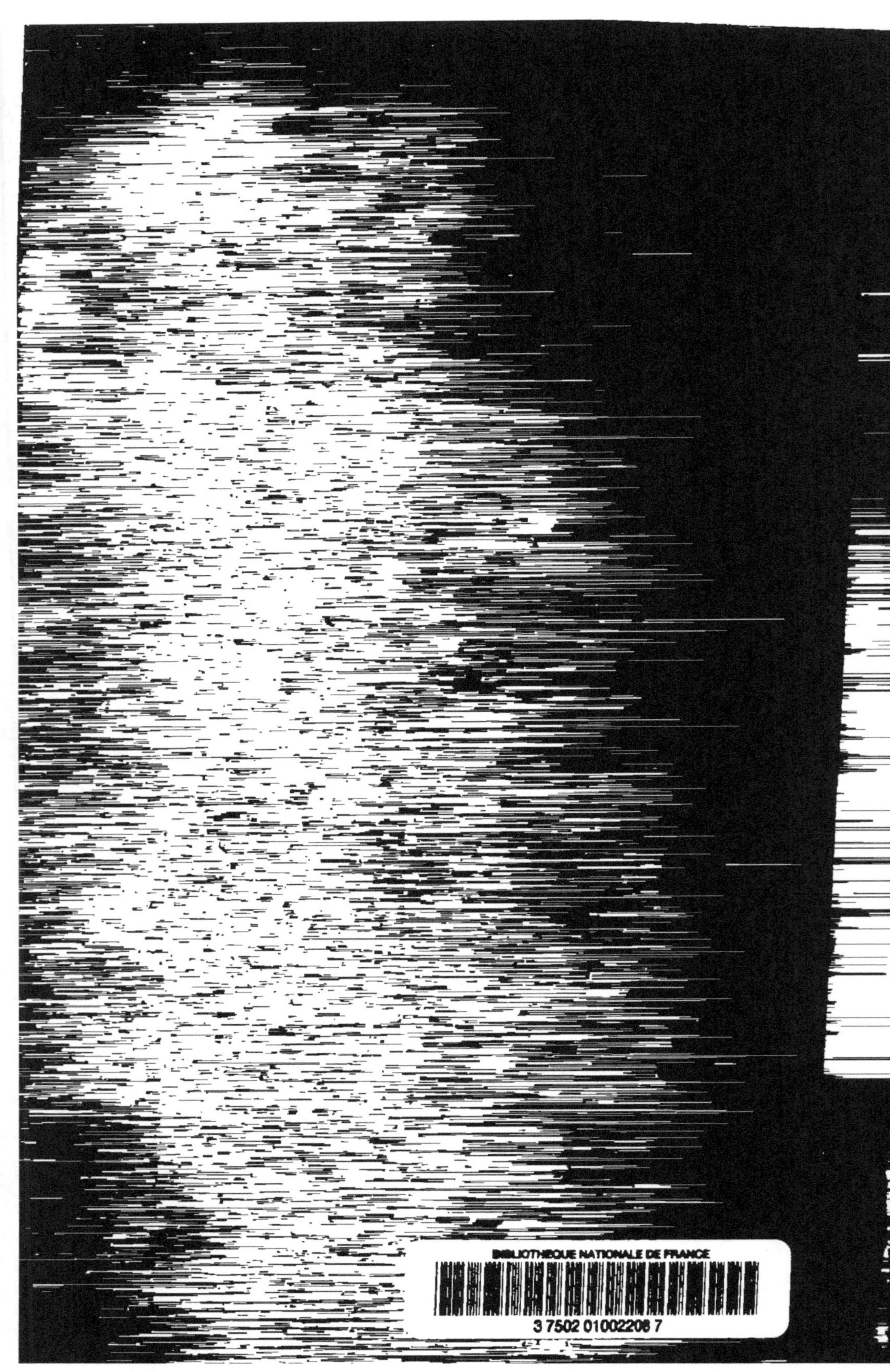